JN020942

ウー・ウェンの 蒸しもの お粥

　中国を旅したことがある方には、あちこちのお店から湯気がもうもうと上がっている光景がおなじみかと思います。「点心かな？」と思われたかもしれませんが、下ごしらえにじゃがいもやかぼちゃを蒸していたり、魚料理を仕込んでいるのかもしれません。

　炒めもののイメージが強い中国料理ですが、"蒸す"ことは調理方法の大きな柱です。家庭の食卓にも、野菜はもちろん、肉や魚の蒸し料理がよく登場しますし、蒸して作るデザートもたくさんあります。日常の暮らしに「蒸しもの」は不可欠なのです。

　想像してみてください。家に蒸したかぼちゃがひとつあるだけで、その後の料理がどれだけ楽になるでしょう。塩をふって子どものおやつにしてもいいし、ご

まだれであえておかずにしたり、酢と油でサラダにするのもあっというまの手間いらずです。

　かたまりの肉を蒸しておけば、蒸したてをシンプルな味つけでいただき、翌日は炒めものやあえものに。いわば、加熱の済んだ下ごしらえ。保存しておいていろんな展開料理に使えるのも、蒸しものの魅力のひとつです。ただし、やはり鮮度にまさるおいしさはありません。野菜も肉も買ってきたら冷蔵庫にしまいこまないで、すぐ蒸してしまうことをおすすめします。

　そして、「蒸しもの」と一緒にご紹介したいのが「お粥」です。日本では、体が弱っているときに食べるものという印象が強いですが、中国では季節を問わず、朝昼晩、いつでもお粥を気軽に摂ります。

料理の写真を見るとわかりますが、日本のお粥より かなり水分量が多いのも特徴です。

中国語で、食べることを「吃」、飲むことを「喝」と 言いますが、お粥を摂ることは「喝粥」。

つまり、お粥は食べるものではなく、飲むものなの です。たっぷりの水で穀物を炊き、その水分に溶け出 した栄養をいただく。体に負担をかけることなく、消 化、吸収され、その身を養ってくれるものですから、 「今日はちょっと胃が重いな」とか「なんとなく調子 が悪いな」というとき、お粥を炊いて飲む。薬食同源 の考えが日常に生きている中国ならではの知恵のひと つではないかなと思います。

私の故郷である北京では、お粥に味つけをすること はほとんどありません。ご飯と同じ主食の位置づけな ので、おともは、搾菜や腐乳などの塩気のあるものが スタンダード。小さなおかずをいくつか用意するのも 楽しいものです。

蒸しものとお粥、どちらもヘルシーそのものの料理 です。私も週に一度は、蒸しものとお粥をいただいて、 胃腸を整えています。この本では作りやすいお粥の炊 き方を紹介していますから、ふたつを一緒に作っても 時間はさほどかかりません。みなさんの体を健やかに 保つお手伝いができますように。

ウー・ウェン

◎レシピの表記について：1カップは200ml、大さじ1は15ml、小さじ1は5mlです。素材はいずれも蒸しやすい分量をご紹介しています。

体を健やかに整えてくれる
蒸しものとお粥

毎日の食卓にぜひ取り入れて
みてください

野菜や肉、魚介のうまみをシンプルにいただく蒸しもの。
米やきび、あわなど穀物の栄養を水分として丸ごと摂るお粥。
素材そのものの力が、軽やかに、負担なく、
私たちの体を健康に導いてくれます。

蒸しもの

蒸しもの料理は手軽でかんたん。
素材自体のうまみや水分を失うことなく調理でき、
いったん加熱したならその後の展開も自由自在。
蒸しているあいだにほかの調理もできて、
台所を汚すこともほとんどありません。
いいことずくめではないですか？
最初に試していただきたいのは、
なすやレタスなど野菜の蒸しもの。
そのみずみずしさ、蒸し野菜ならではの味の深さに
きっとびっくりしますよ。

蒸しものをおいしく作る

蒸す道具は
2種類あると便利です

自然素材で作られた蒸籠は、蒸気のあたりがやわらか
でどんな素材もおいしく仕上がり、そのまま食卓に出
せる便利さ。使うたびに蒸気で消毒しているような状
態なので基本的には洗わず、自然乾燥。魚や肉を蒸す
場合はクッキングシートを敷いて匂いがつかないよう
にします。ステンレスやアルマイトの蒸し器は、匂い
や脂が気になる素材のときに。ウー・ウェンパン＋な
ど、蓋、トレイ付きのものは様々な大きさの蒸籠をの
せて使うこともできるのでおすすめです。

蒸す＝下ごしらえ。
そのまま食べても
アレンジしてもおいしい

蒸しものは、下ごしらえの済んだ料理の素材でもあり
ます。1袋5本入りのなすを買ってきたら、その日の
ぶんだけ蒸すのではなく、ぜんぶ蒸して余ったら冷蔵
庫に保存。翌日、炒めものやあえものにすればおいし
くいただけますし、残りのなすが冷蔵庫でしわしわ
……なんてことも防げます。素材がいちばんよい状態
のときに蒸しておくことをおすすめします。

おいしく蒸すための大事な手順

① まずは素材に合った下ごしらえを

野菜は皮を除く、ふさわしい大きさに切る。肉は塩麹をまぶしておく、魚は上新粉をつけるなど、素材に適した下ごしらえがあります。まずは、素材をしっとりジューシーに仕上げるためのワンステップをどうぞお忘れなく。

②「蒸す」＝熱い蒸気で調理すること

蒸気が途切れないよう、鍋に水をたっぷり入れて沸騰させ、蒸籠（または蒸しトレイ）をのせて蓋をします。蒸し時間を計るのはここから。火加減は、まず強火で素材を入れることで下がった温度を再び上げ、あとは弱火で温度を保って蒸し上げます。

③「しばらくおく」ことがおいしさを生む

最後は火を消してそのまましばらくおきます。いわばこの放置時間のあいだに素材がおいしくなるのです。余熱で中心まで熱が入り、水分は保たれたまましっとり仕上がる。加熱時間と放置時間の塩梅が、蒸しものをおいしくする最大の決め手です。

＊素材別の蒸し時間をまとめた「蒸しものタイマー」（裏表紙に掲載）もぜひご活用ください。

蒸しものをシンプルに食べるには、塩、風味、油のソースで

ねぎ油

ラー油

ねぎ油

◎ 材料（作りやすい分量）

長ねぎ（薄切り）‥‥‥‥‥‥‥‥‥‥ 1本分
太白ごま油 ‥‥‥‥‥‥‥‥ 1カップ（200ml）

◎ 作り方

1 炒め鍋に太白ごま油、長ねぎを入れて広げ、中火にかける a。

2 長ねぎから水分が出てしんなりしてきたら弱火にする b。

3 長ねぎがきつね色になってきたら火を止める c。余熱でチリチリになったらできあがり。ねぎ油は冷ましてガラス瓶などに入れて常温で保存。1週間程度で使いきる。

ラー油

◎ 材料（作りやすい分量）

粗挽き唐辛子（韓国産）‥‥ 大さじ3
炒りごま（白）‥‥‥‥‥‥ 大さじ1
水 ‥‥‥‥‥‥‥‥‥‥‥‥ 大さじ1
ごま油 ‥‥‥‥‥‥‥‥‥‥ 大さじ3
花椒粉 ‥‥‥‥‥‥‥‥‥‥ 小さじ1

◎ 作り方

1 粗挽き唐辛子に分量の水を加えて a 混ぜ、しばらくおいてなじませる。

2 炒め鍋にごま油と1を入れ、しっかり混ぜ合わせたら中火にかける。

3 周囲がフツフツとしてきたら弱火にし、粗挽き唐辛子の水分を蒸発させる b。香りが出てきたら火を止める。

4 炒りごまと花椒粉を加えて混ぜる。

塩をふるだけでもおいしい蒸しものですが、もうひと工夫するなら、オリジナルのソースを作ってみましょう。
ポイントとなる要素は「塩味」と「風味」と「おいしい油」を合わせること。
たとえば塩と粗挽き黒こしょうと太白ごま油。醤油とせん切りのしょうがとごま油、
岩塩と花椒粉と太白ごま油、アンチョビとレモンとオリーブ油のような組み合わせもいいですね。
以下にねぎ油をはじめ、私の料理に欠かせないソースを紹介します。

花椒油

花椒塩

花椒油

◎ 材料（作りやすい分量）

太白ごま油 ·············· 1/2カップ
花椒（粒） ·············· 大さじ1/2

◎ 作り方

炒め鍋に太白ごま油と花椒を入れ、中火でゆっくり熱する a。香りが出てきたら火を止める。冷ましてガラス瓶などに入れて保存。

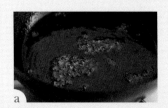

a

花椒塩

◎ 材料（作りやすい分量）

花椒（粒） ·············· 大さじ1
粗塩 ·············· 小さじ1

◎ 作り方

炒め鍋に花椒を入れて強火にかけ、乾煎りする a。香りが出たらすり鉢にとり、冷めてからする。粗塩と合わせる。

a

豆豉ソース

◎ 材料（作りやすい分量）

豆豉 ·············· 30g	醤油 ·············· 大さじ1/2
長ねぎ（みじん切り） ·············· 10cm分	黒酢 ·············· 大さじ1/2
酒 ·············· 大さじ2	はちみつ ·············· 小さじ1
	太白ごま油 ·············· 大さじ2

◎ 作り方

1 豆豉を粗く刻む a。
2 炒め鍋に太白ごま油、長ねぎを入れて中火にかけ b、香りが出たら、豆豉を入れて炒め合わせ、酒を加えてしばらく煮る。黒酢、醤油、はちみつを加えたら少し煮つめる c。

a b c

シンプル蒸しなす

◎ 材料（作りやすい分量）

なす	5本
パセリ（みじん切り）	適量
粗塩	少々

◎ 作り方

1 なすの皮をピーラーで除き、蒸しトレイに並べ、蒸気の上がった鍋にのせ、蓋をして、強火で2分、中火で5分、火を止めて10分おく。

2 なすを器に盛り、パセリをのせ、粗塩をふる。

酢醤油かけ

◎ 材料（2〜3人分）

蒸しなす	3本
A（混ぜ合わせる）	
醤油	大さじ1/2
黒酢	大さじ1/2
ごま油	大さじ1/2
みょうが（小口切り）	1個分

◎ 作り方

蒸しなすを縦半分に切り、みょうがをのせ、Aをかける。

黒酢じゃこ炒めのせ

◎ 材料（2人分）

蒸しなす	2本
じゃこ	30g
酒	大さじ1/2
黒酢	大さじ1/2
粗挽き黒こしょう	少々
太白ごま油	大さじ1/2
ディル	1本分

◎ 作り方

1 炒め鍋に太白ごま油とじゃこを入れて中火にかけ、油をなじませるように炒める。

2 酒、黒酢を入れてしっかり絡め、黒こしょうで香りをつけて火を止める。

3 蒸しなすの中央に包丁で切れ目を入れ、中に2を詰める。ディルをのせる。

バリエーションが楽しめます

豆豉ソースあえ

◎ 材料（2〜3人分）

蒸しなす	3本
大葉（みじん切り）	5枚分
豆豉ソース（p.13参照）	大さじ1
糸唐辛子	少々

◎ 作り方

蒸しなすを1.5cm幅の輪切りにし、豆豉ソース、大葉であえる。糸唐辛子を散らす。

ごまあえ

◎ 材料（2〜3人分）

蒸しなす	3本
A（混ぜ合わせる）	
ねりごま（白）	大さじ1
しょうが（すりおろし）	小さじ1
粗塩	小さじ1/3
花椒粉	小さじ1/3
水	大さじ1
香菜	1本分

◎ 作り方

蒸しなすを縦半分、5cm幅に切り、Aであえ、香菜の葉を摘んでのせる。

冷やし味噌汁

◎ 材料（2人分）

蒸しなす	2本
きゅうり（小口切り）	1本分
だし	2カップ
味噌	大さじ1/2
すだち（薄切り）	適量

◎ 作り方

1 鍋にだしを入れて火にかけ、味噌を溶いて冷ましておく。

2 きゅうりに塩ひとつまみ（分量外）を加え10分おいて水気をしぼる。

3 1に蒸しなす、きゅうり、すだちを入れて冷やす。

15

蒸しパプリカの豆豉ソース

パプリカは炒めるより蒸したほうが格段においしい！ まるで果汁のように口いっぱいに
広がるパプリカの甘みを、豆豉ソースの風味とともに味わってみてください。

◎ 材料（2〜3人分）

パプリカ（赤、黄）──────各1個
豆豉ソース（p.13参照）──────適量

◎ 作り方

1 パプリカを縦4つに切り、種やわたを除く a，b。蒸籠に並べ、
蒸気の上がった鍋にのせ c、蓋をして、強火で1分、弱火から中
火で3分蒸したら火を止め、そのまま5分おく。

2 パプリカを盛りつけ、豆豉ソースを窪みに入れる。

蒸しパプリカのごまあえ

◎ 材料（2〜3人分）

蒸しパプリカ（赤、黄）──────各2切れ
A（混ぜ合わせる）
　炒りごま（白、する）──────大さじ2
　醤油──────大さじ1/2
　きび砂糖──────小さじ1

◎ 作り方

蒸しパプリカを1cm幅に切り、Aであえる。

蒸しパプリカの
しらす香味野菜のせ

パプリカを器に見立てると、料理の発想が楽しくなってきます。
みょうがや大葉とあえたしらすをのせ、さわやかなひと皿に。

◎ 材料（2人分）

蒸しパプリカ（黄、p.17参照）………… 1個分

A（混ぜ合わせる）

しらす ……………………………… 60g

みょうが（せん切り）……………… 1個分

大葉（せん切り）…………………… 10枚分

米酢 ………………………………… 大さじ1

粗挽き黒こしょう ………………… 少々

ごま油 ……………………………… 大さじ1

◎ 作り方

Aを蒸しパプリカにのせる。

蒸しパプリカの鶏肉そぼろのせ

赤いパプリカには少し濃いめの味つけのそぼろをのせて。
バジルを合わせるとちょっと洋風、はなやかな印象になります。

◎ 材料（2人分）

蒸しパプリカ（赤、p.17参照）
　　　　　　　　　　　 1個分
鶏ひき肉（もも）　　　　 150g
しょうが（みじん切り）　 1かけ分
長ねぎ（みじん切り）　　 5cm分
唐辛子（輪切り）　　　　 1本分
酒　　　　　　　　　 大さじ1

A（混ぜ合わせる）
　甜麺醤　　　　　　 小さじ1
　醤油　　　　　　　 大さじ1
粗塩　　　　　　　 ひとつまみ
太白ごま油　　　　 大さじ1/2
バジル　　　　　　　　　 適量

◎ 作り方

1 炒め鍋に太白ごま油、しょうが、長ねぎ、唐辛子を入れて中火にかけ、香りが出るまで炒める。

2 鶏ひき肉を入れ、酒を加えて、鶏ひき肉に火が通るまでじっくりと炒める。A、粗塩で味を調える。

3 パプリカにのせ、バジルを添える。

蒸しブロッコリーのねぎ油あえ

ブロッコリーはゆでるより蒸すほうが水っぽくならず、味が濃厚に感じられます。
万能調味料のねぎ油とあえれば、あっというまに栄養たっぷりの副菜のできあがり！

◎材料（2～3人分）

ブロッコリー ……………… 1個
ねぎ油（p.12参照）………… 大さじ1
粗塩 ………………………… 小さじ1/3

◎作り方

1 ブロッコリーをひと口大に切り分けて洗い、水気をしっかりきる。蒸しトレイ
　に並べ、蒸気の上がった鍋にのせ、蓋をして、強火で1分蒸したら火を止め、
　そのまま5分おく。

2 蒸しブロッコリー半量に粗塩をふり、ねぎ油大さじ1であえる。

蒸しブロッコリーの牛しゃぶあえ

◎材料（2～3人分）

蒸しブロッコリー …………………… 1/2個分
牛しゃぶしゃぶ肉 …………………… 150g
A（混ぜ合わせる）
　醤油 ……………………… 大さじ1
　黒酢 ……………………… 大さじ1/2
　ねぎ油（p.12参照）……… 大さじ1
　粗挽き黒こしょう ……… 少々

◎作り方

1 鍋に湯を沸かし、牛しゃぶしゃぶ肉を1枚ずつ入れて火を
　通してざるに上げ、水気をきる。

2 1をAでしっかりあえ、蒸しブロッコリーと合わせる。

蒸しカリフラワーの
柚子こしょうソース添え

みずみずしくてホクホク。
カリフラワーのおいしさをストレートに味わえる蒸しもの。
好みのソースを添えて、召し上がれ。

◎ 材料（2〜3人分）

カリフラワー ……………………………… 1個
A（混ぜ合わせる）
　柚子こしょう ………………………… 小さじ2/3
　梅肉 ……………………………………… 大さじ1/2
　水 ……………………………………… 大さじ1と1/2
　ごま油 ………………………………… 大さじ1/2

◎ 作り方

1 カリフラワーを6等分のくし形に切り、蒸しトレイに並べ、蒸
　気の上がった鍋にのせ、蓋をして、強火で2分、弱火から中火
　で3分蒸したら火を止め、そのまま10分おく。

2 1の半量にAを添える。

＊残った蒸しカリフラワーは冷蔵保存。豆豉ソース、ねぎ油＋粗塩、花椒油＋粗
　塩などでいただくのもおすすめです。

蒸しレタスの
オイスターソースがけ

蒸しレタスの色の濃さ、シャキシャキ感。
気づけば、ひとりで丸ごとペロリと
食べてしまいそうなおいしさです。

◎ 材料（2〜3人分）

レタス	1個

A（混ぜ合わせる）

オイスターソース	大さじ1
醤油	小さじ1
粗塩	ひとつまみ
酒	大さじ1
唐辛子（輪切り）	1本分
ごま油	大さじ1/2
粗挽き黒こしょう	少々

◎ 作り方

1 レタスは大きさによって4〜6等分のくし形に切り、蒸籠に並べ a、蒸気の上がった鍋にのせ、蓋をして、強火で1分蒸したら火を止め、そのまま5分おく。

2 炒め鍋にAを入れて中火にかけ、煮立たせたら少し煮つめる。器に盛った1にかける。

a

じゃがバタ

根菜類のおいしさがいっそう引き立つ蒸しもの。蒸したてのじゃがいもを軽く割って、おいしいバターをのせていただけば、この味にまさる幸せはありません。

◎ 材料（作りやすい分量）

じゃがいも（男爵）………… 5～6個（600～700g）
有塩バター……（蒸しじゃがいも1個につき）10g

◎ 作り方

1 じゃがいもを洗い、水気をきる。蒸籠に並べ、蒸気の上がった鍋にのせ、蓋をして、強火で3分、弱火で30分蒸したら火を止め、そのまま15分おく。

2 蒸しじゃがいもを軽くつぶし、有塩バターをのせる。

＊さつまいもの蒸し方：分量は2本（500g程度）で、1と同様に蒸す。

ポテトフライ

◎ 材料（2～3人分）

蒸しじゃがいも	2個
粗塩	小さじ1/3
花椒粉（粗挽き黒こしょう、五香粉などでも）	小さじ1/5
太白ごま油	1カップ

◎ 作り方

1 蒸しじゃがいもをひと口大に切る。

2 太白ごま油を鍋に入れて熱し、180℃になったらじゃがいもを入れ、表面がカリッとするまで揚げる。油をきり、粗塩、花椒粉をふる。

蒸しさつまいもがあれば、おやつもかんたん

冷蔵庫に蒸しさつまいもがあればおやつに困ることはありません。
バターで焼いたり、果物のソースをかけたり、もちろんそのままでも！

バター焼き

◎材料（2人分）
蒸しさつまいも（p.25参照）········· 80g
有塩バター ·················· 15g
塩漬け黒粒こしょう
（なければ粗挽き黒こしょう）········· 少々

◎作り方（2〜3人分）
蒸しさつまいもを1.5cm幅の輪切りにし、フライパンに有塩バターを入れて火にかけ、ゆっくりと両面を香ばしく焼く。皿に盛り、塩漬け黒粒こしょうを散らす。なければ粗挽き黒こしょうをふる。

梨ソースがけ

◎材料（2〜3人分）
蒸しさつまいも（p.25参照）………… 100g
A（混ぜ合わせる）
　梨すりおろし（皮を除く）………… 100g
　ねぎ油（p.12参照）………… 大さじ1と1/2
　レモン汁 ………………………… 大さじ1
　粗塩 ……………………………… 小さじ1/3

◎作り方
蒸しさつまいもはひと口大の乱切りにし、
Aをかける。

りんごソースがけ

◎材料（2〜3人分）
蒸しさつまいも（p.25参照）………… 100g
A（混ぜ合わせる）
　りんごすりおろし（皮つき）………… 100g
　ねぎ油（p.12参照）………… 大さじ1と1/2
　レモン汁 ………………………… 大さじ1
　粗塩 ……………………………… 小さじ1/3

◎作り方
蒸しさつまいもを1.5cm幅の輪切りにし、
Aをかける。

蒸し里いもの花椒風味

里いもを最高においしくする蒸しもの。つるんと剥けて、ねっとりした舌ざわりが格別においしい。まずはシンプルに塩や花椒塩で里いもそのものの味を楽しんでみてください。

◎ 材料（2〜3人分）

里いも ……………………… 4〜5個（500g）
花椒塩（p.13参照）……………………… 適量

◎ 作り方

1 里いもを洗い、水気をきり、爪楊枝で5箇所ほど浅く刺す。

2 1を蒸籠に並べ、蒸気の上がった鍋にのせ、蓋をして、強火で3分、弱火から中火で30分蒸したら火を止め、そのまま15分おく（里いもの種類や大きさにより蒸し時間は多少異なる）。

3 皮を除き、花椒塩をつける。

＊花椒油と粗塩であえてもおいしい。

蒸し里いものコロッケ

◎ 材料（2〜3人分）

蒸し里いも ……………………… 2個
花椒粉 ……………………… 小さじ1/4
粗塩 ……………………… 小さじ1/3
しんびき粉 ……………………… 大さじ2
太白ごま油 ……………………… 1カップ

◎ 作り方

1 蒸し里いもの皮を除いてつぶし、花椒粉、粗塩で味つけする。

2 1を5等分し、ひとつずつ軽く丸めてしんびき粉をまぶしつける。押しつけるようにして丸く形を整える。

3 鍋に太白ごま油を熱し、180℃になったら2を色よく揚げ、油をきる。好みでハーブやレモンなどを添える。

頼りになる蒸しいもで、ささっとサラダ3種

蒸したいも類はそれだけで食べてもおいしいものですが、ほんの少しだけ
手を加えて、歯ざわり、香りもごちそうになるサラダを紹介します。

蒸しじゃがいものマスタードあえ

◎ 材料（2〜3人分）

蒸しじゃがいも（p.25参照）················2個
きゅうり···································1本
A（混ぜ合わせる）
　粒マスタード·························大さじ1
　粗塩·······························小さじ1/2
　ごま油·····························大さじ1/2

◎ 作り方

1　きゅうりは薄切りにし、塩をひとつ
　まみ（分量外）ふり、10分おいてから
　水気をしぼる。

2　蒸しじゃがいもの皮を除いてつぶし、
　Aであえてから、1と合わせる。

蒸し里いものパセリあえ

◎材料（2～3人分）
- 蒸し里いも（p.29参照）……2個
- パセリ（みじん切り）……大さじ1
- 粗塩……小さじ1/3
- 花椒油（p.13参照）……大さじ1/2

◎作り方

蒸し里いもの皮を除いて粗くつぶし、パセリ、粗塩、花椒油であえる。

蒸しさつまいものレーズンあえ

◎材料（2～3人分）
- 蒸しさつまいも（p.25参照）……100g
- レーズン……15g
- 玉ねぎ……1/4個
- 粗塩……小さじ1/3
- オリーブ油……大さじ1/2

◎作り方

1 玉ねぎをスライサーで薄切りにして水にさらし、水気をしっかりきる。

2 蒸しさつまいもは1cm角に切り、1と合わせて、レーズン、粗塩、オリーブ油であえる。

蒸しかぼちゃの塩ごまあえ

口に入れると、ほのかに香るローズマリー。
かぼちゃの甘さとの意外なコラボレーションを塩ごまだれがぐっと引き立ててくれます。

◎ 材料（2〜3人分）

かぼちゃ	1/4個（250g）
ローズマリー	1本
ねりごま（黒）	大さじ1
粗塩	小さじ1/3
粗挽き黒こしょう	少々

◎ 作り方

1 かぼちゃの種と皮を除いて、ひと口大に切る。

2 1を蒸しトレイに並べ、ローズマリーをのせる。蒸気の上がった鍋にのせ、蓋をして、強火で2分、弱火で5分蒸したら火を止め、そのまま10分おく。

3 蒸しかぼちゃの半量に黒ねりごまをかけ、粗塩、黒こしょうをふる。

＊残った蒸しかぼちゃは冷蔵保存。豆豉ソース、ねぎ油＋粗塩、花椒油＋粗塩などでいただくのもおすすめです。

蒸したたきごぼうの
黒酢醤油あえ

ふくよかな土の香りと独特の歯ごたえ。
ごぼうの長所を余すところなく味わえる、和食にもよく合うひと皿です。

◎ 材料（2〜3人分）

ごぼう（30cmくらいのもの）

　　　　　　　　　　2〜3本（250g）

大葉（せん切り）　　　　　10枚分

A（混ぜ合わせる）

　醤油　　　　　　　　大さじ1/2

　黒酢　　　　　　大さじ1と1/2

　和からし　　　　　　　小さじ1

　ごま油　　　　　　　大さじ1/2

◎ 作り方

1　ごぼうの皮を薄く除き、長さ半分に切り、ポリ袋に入れて叩き
　つぶして a、3cm幅に切る。

2　1を蒸しトレイに並べ、蒸気の上がった鍋にのせ、蓋をして、
　強火で2分、弱火で5分蒸したら火を止め、そのまま10分おく。

3　2の1/3量をAと大葉であえる。

＊残った蒸しごぼうは冷蔵保存。豆豉ソース、ねぎ油＋粗塩、花椒油＋粗塩など
　でいただくのもおすすめです。

a

蒸しれんこんの甘酢あえ

シャキシャキ、ポリポリ。2種類の切り方で生まれた
楽しい歯ざわり。レシピの甘酢あえのほか、
粗塩とねぎ油（p.12）であえてもおいしいですよ。

◎ 材料（2〜3人分）

れんこん	500g

A（漬け汁、混ぜ合わせる）

米酢	大さじ2
はちみつ	大さじ1
粗塩	小さじ1/3
陳皮粉	小さじ1
ごま油	大さじ1

◎ 作り方

1 れんこんの皮をピーラーで除き、半分を1cm幅の輪切りにし、半分を棒状に切る a。蒸しトレイに並べ、蒸気の上がった鍋にのせ、蓋をして、強火で2分、弱火で8分蒸したら火を止め、そのまま10分おく。

2 1の1/3量をAであえ、1時間程度漬ける。

＊残った蒸しれんこんは冷蔵保存。豆豉ソース、花椒油＋粗塩などでいただくのもおすすめです。

a

大豆もやしの豆板醤あえ

もやしを蒸すなんて驚きですよね？
水分を保ちつつ、味が凝縮されたもやし。
一度作れば、その味わいがきっとやみつきになるはずです。

◎材料（2〜3人分）

大豆もやし	1袋
豆板醤	小さじ1
オイスターソース	大さじ1/2
にんにく	1かけ
太白ごま油	大さじ1/2
ディル	適量

◎作り方

1 大豆もやしのひげを取る。蒸籠に入れ、蒸気の上がった鍋にのせa、蓋をして、強火で3分蒸したら火を止め、そのまま5分おく。

2 炒め鍋に太白ごま油、叩いたにんにくを入れて中火にかけ、香りが出たら豆板醤、オイスターソースを入れて混ぜ合わせる。1にかけてあえ、皿に盛ってディルを散らす。

a

今日食べても明日食べても
おいしい、3種の蒸し豚

前菜にもメインにもなる蒸し豚。塩麹を使うと独特の臭みがなくなり、肉がやわらかく仕上がります。まずは部位ごとの蒸し方を紹介。おいしさを食べ比べてみてください。

豚肩ロース肉の蒸し豚

◎ 材料 (作りやすい分量)

豚肩ロース肉 ……………………………… 500g

塩麹 ……………………………… 大さじ1と1/2

（または酒大さじ3、粗塩大さじ1/2、
粗挽き黒こしょう少々）

◎ 作り方

1 豚肩ロース肉を2等分に切りa、塩麹をまぶしつける。ラップをしてひと晩冷蔵庫におく。

2 1を蒸しトレイに並べ、蒸気の上がった鍋にのせb、蓋をして、強火で3分、弱火で30分蒸したら火を止め、そのまま20分おく。

豚バラ肉の蒸し豚

◎ 材料 (作りやすい分量)

豚バラ肉 ……………………………… 500g

塩麹 ……………………………… 大さじ1と1/2

（または酒大さじ3、粗塩大さじ1/2、
粗挽き黒こしょう少々）

◎ 作り方

1 豚バラ肉に、塩麹をまぶしつけa、ラップをしてひと晩冷蔵庫におく。

2 1を蒸しトレイに並べ、蒸気の上がった鍋にのせb、蓋をして、強火で3分、弱火で30分蒸したら火を止め、そのまま20分おく。

豚ヒレ肉の蒸し豚

◎ 材料 (作りやすい分量)

豚ヒレ肉 (長さ12cmのもの3本程度)
……………………………… 500g

塩麹 ……………………………… 大さじ1と1/2

（または酒大さじ3、粗塩大さじ1/2、
粗挽き黒こしょう少々）

◎ 作り方

1 豚ヒレ肉に塩麹をまぶしつけa、ラップをしてひと晩冷蔵庫におく。

2 1を蒸しトレイに並べ、蒸気の上がった鍋にのせb、蓋をして、強火で3分、弱火で20分蒸したら火を止め、そのまま20分おく。

蒸したてのひと皿

クレソンとザワークラウトを添え、粒マスタードで。

香菜を添え、醤油をつけてシンプルに。

酢漬けのケイパーを散らし、オリーブを添えて。

蒸し豚肩ロース肉の叉焼（チャーシュー）

豚肩ロース肉の蒸し豚をシンプルに味わった翌日は、この叉焼を作るのが楽しみなほど。
甘みはほんのり、大人が食べてこそおいしい叉焼なので、晩酌のおともにもおすすめです。

◎ 材料（作りやすい分量）

蒸し豚肩ロース肉（p.36参照）⋯⋯ 1個
A（混ぜ合わせる）
　たまり醤油⋯⋯⋯⋯⋯⋯⋯⋯⋯⋯ 大さじ1
　黒酢⋯⋯⋯⋯⋯⋯⋯⋯⋯⋯⋯⋯⋯ 大さじ1
　酒⋯⋯⋯⋯⋯⋯⋯⋯⋯⋯⋯⋯⋯⋯ 大さじ1
　はちみつ⋯⋯⋯⋯⋯⋯⋯⋯⋯ 大さじ1/2
　ごま油⋯⋯⋯⋯⋯⋯⋯⋯⋯⋯⋯ 小さじ1
大葉⋯⋯⋯⋯⋯⋯⋯⋯⋯⋯⋯⋯⋯⋯ 6枚

◎ 作り方

1 鍋にAと蒸し豚肩ロース肉を入れて中火にかける a。煮つめながらしっかり絡める b，c。

2 1をスライスして大葉と重ねて器に盛りつける。

a

b

c

蒸し豚肩ロース肉のレモンスライスあえ

◎ 材料（作りやすい分量）

蒸し豚肩ロース肉（p.36参照）⋯⋯⋯⋯⋯⋯⋯⋯⋯⋯⋯⋯⋯ 1個
レモンスライス⋯⋯⋯⋯⋯⋯⋯⋯⋯⋯⋯⋯⋯⋯⋯⋯ 1/2個分
粗塩⋯⋯⋯⋯⋯⋯⋯⋯⋯⋯⋯⋯⋯⋯⋯⋯⋯⋯⋯ 小さじ1/4

◎ 作り方

蒸し豚肩ロース肉は軽く焼き目をつける程度に焼いて a 薄切りにし、レモンスライスとあえて、粗塩をふる。

a

ヘルシー＆ジューシー。
蒸し豚バラ肉3種のアレンジ

余分な脂が落ちた豚バラ肉はすっきりしたうまみがごちそう。
まずはきゅうりと合わせてきれいな雲白肉に。炒飯や炒めものにも活躍しますよ。

雲白肉（ウンパイロウ）

◎材料（2〜3人分）

蒸し豚バラ肉（p.36参照）	100g
きゅうり	1本
A（混ぜ合わせる）	
醤油	大さじ1
黒酢	大さじ1
ラー油（p.12参照）	小さじ1
しょうが（すりおろし）	小さじ1
花椒粉	小さじ1/3
長ねぎ（みじん切り）	10cm分

◎作り方

1 Aの材料を混ぜ合わせ、10分おく。
2 蒸し豚バラ肉を薄切りにする。
3 きゅうりはスライサーで縦に薄切りにする。蒸し豚バラ肉と一緒に器に並べ、Aをかける。

ピーマン炒め

◎ 材料（2〜3人分）

蒸し豚バラ肉（p.36参照）……… 100g
ピーマン ………………………… 2個
長ねぎ（薄切り）………………… 5cm分
A（混ぜ合わせる）
　醤油 …………………………… 大さじ1
　はちみつ ……………………… 小さじ1
　黒酢 …………………………… 小さじ1
太白ごま油 ……………………… 大さじ1/2
片栗粉 …………………………… 小さじ1/2

◎ 作り方

1 蒸し豚バラ肉を厚切りにし、片栗粉をまぶす。

2 ピーマンの種を除き、やや太めのせん切りにする。

3 炒め鍋に太白ごま油を入れて中火にかけ、1と長ねぎを入れ、油をなじませるように炒め、香りが出たら2を入れて炒め合わせ、Aを加えて調味する。

炒飯

◎ 材料（2〜3人分）

ご飯 ……………………………… 300g
蒸し豚バラ肉（p.36参照）……… 50g
卵 ………………………………… 1個
長ねぎ（みじん切り）………… 10cm分
粗塩 ……………………………… 小さじ1/3
醤油 ……………………………… 大さじ1/2
太白ごま油 ……………………… 大さじ1
ごま油 …………………………… 小さじ1/2
粗挽き黒こしょう ……………… 少々

◎ 作り方

1 蒸し豚バラ肉を1cm角に切る。

2 炒め鍋に太白ごま油と1を入れて中火にかけ、香りが出るまで炒める。

3 2に溶き卵を入れて炒めたら長ねぎも加え、さらに香りが出たらご飯を入れて粗塩をふり、中火から弱火にしてじっくりと炒める。

4 醤油、黒こしょう、ごま油で味を調える。

蒸し豚ヒレ肉の
香味野菜あえ

さっぱりとしたおいしさのヒレ肉はあえものに。
クレソンや三つ葉などどんな香味野菜とも相性よし、です。

◎ 材料（2〜3人分）

蒸し豚ヒレ肉（p.36参照）……………………… 1本
A（混ぜ合わせる）

醤油 ……………………………… 大さじ1/2
マスタード ……………………… 大さじ1/2
ごま油 …………………………… 大さじ1/2

香菜（3cm幅に切る）…………………………… 1本分
みょうが（せん切り）…………………………… 1個分

◎ 作り方

蒸し豚ヒレ肉をスライスし、A をかけ、香菜、みょうがとあえる。

ねぎこがし
醤油ラーメン

こがした長ねぎがだしになるクイックラーメン。
薄切りにしたヒレ肉でシンプルにいただきます。

◎材料（2人分）

蒸し豚ヒレ肉（p.36参照）·············	1/2本
中華麺 ··································	2玉
長ねぎ ·································	1/2本
醤油 ····························	大さじ1と1/2
黒酢 ·································	大さじ1/2
粗塩 ·······························	ひとつまみ
水 ···································	3カップ
太白ごま油 ·························	大さじ1
粗挽き黒こしょう ····················	少々

◎作り方

1 鍋に太白ごま油、1.5cm幅に斜め切りした長ねぎを入れて中火にかける。

2 長ねぎの香りが出て、しっかりこげ目がついたら、醤油、黒酢を加えて煮立たせ a、香りが出たら水を加えて沸騰させ、塩、黒こしょうを入れる。

3 中華麺を袋の表示通りにゆでて器に入れ、2を注ぎ、スライスした蒸し豚ヒレ肉をのせる。

a

豚肩ロース肉と高菜漬けの重ね蒸し

ドーム形に重ねた薄切りの豚肩ロース肉と高菜漬け。うまみと塩味と風味のハーモニーに、
お箸を持つ手が止まらなくなるかもしれません。おもてなしのときにも盛り上がりますよ。

◎ 材料（作りやすい分量）

豚肩ロース肉（しょうが焼き用）	200g
A（下味）	
五香粉	小さじ1/2
酒	大さじ1
上新粉	大さじ1と1/2
高菜漬け（みじん切り）	200g
香菜	2本

◎ 作り方

1 豚肩ロース肉を半分に切りa、Aを順に加え、その都度よく混ぜ、下味をつける。

2 直径14cmの耐熱ガラスボウル（パイレックスなど）に1の肉、高菜漬けを交互に重ねていくb，c，d。

3 2を蒸籠に入れ、蒸気の上がった鍋にのせ、蓋をして、強火で1分、弱火で20分蒸したら火を止め、そのまま10分おく。蒸し上がったらe、皿にボウルを伏せて外すf。香菜を添える。

作りおきも展開料理も
自由自在、3種の蒸し鶏

部位ごとに違うおいしさが楽しめる鶏肉。
蒸すときに好みでローズマリーやローリエなどを添えれば、
よりおいしく、深みが増した味を楽しめます。

蒸し鶏もも肉

◎ 材料（作りやすい分量）

鶏もも肉 ……………………………… 2枚
塩麹 …………………………………… 大さじ1
　　（または紹興酒大さじ2、粗塩小さじ1）

◎ 作り方

1 鶏もも肉の身の側に塩麹をまぶしつけa、ラップをしてひと晩冷蔵庫におく。

2 皮を外側にしてロール状にしb、蒸しトレイに並べ、蒸気の上がった鍋にのせ、蓋をして、中火で2分、弱火で15分蒸したら火を止め、そのまま15分おく。

蒸し鶏むね肉

◎ 材料（作りやすい分量）

鶏むね肉（皮なし） …………………… 2枚
塩麹 …………………………………… 大さじ1
　　（または紹興酒大さじ2、粗塩小さじ1）
ローズマリー ………………………… 2本

◎ 作り方

1 鶏むね肉をフォークで片面10箇所ほど刺しa、塩麹をまぶしつけb、ラップをしてひと晩冷蔵庫におく。

2 蒸しトレイに1を並べてローズマリーをのせ、蒸気の上がった鍋にのせ、蓋をして、中火で2分、弱火で12分蒸したら火を止め、そのまま15分おく。

蒸し鶏ささみ

◎ 材料（作りやすい分量）

ささみ ………………………………… 8本
塩麹 …………………………………… 大さじ1
　　（または紹興酒大さじ2、粗塩小さじ1）
ローリエ ……………………………… 4枚

◎ 作り方

1 ささみをフォークで片面3〜5箇所ほど刺しa、塩麹をまぶしつけb、ラップをしてひと晩冷蔵庫におく。

2 蒸しトレイに1を並べてローリエをのせ、蒸気の上がった鍋にのせ、蓋をして、中火で1分、弱火で7分蒸したら火を止め、そのまま10分おく。

蒸したてのひと皿

すだち、粗塩を添えてさっぱりと。

わさび、醤油、ごま油を同量で合わせたたれで。

ほぐしたささみをバジルソースであえ、ピクルスを添える。

うまみの多い蒸し鶏もも肉は、
ご飯や麺との相性もばつぐんです

うまみを逃さぬようくるんと巻いて蒸した鶏もも肉は、それだけで存在感じゅうぶん。
ねぎだれをのせてメインのおかずに、ごまだれで冷やし中華に。丼ものの主役にもぴったりです。

鶏飯

冷やし中華

◎ 材料（2〜3人分）

ご飯（あればジャスミン米）	300g
蒸し鶏もも肉（p.46参照）	1枚
トマト（乱切り）	1個
きゅうり（叩く）	1本
香菜	1〜2本

A（混ぜ合わせる）

醤油	大さじ1と1/2
オイスターソース	大さじ1/2
レモン汁	大さじ1
しょうが（すりおろし）	大さじ1/2
ラー油（p.12参照）	小さじ1
ごま油	大さじ1

◎ 作り方

1 蒸し鶏もも肉を1cm幅に切る。香菜の茎は
  みじん切り、葉は2cm幅に切る。きゅうり
  は叩いて長さ4等分に切る。

2 トマトときゅうりをAの1/3であえておく。

3 ご飯と香菜の茎をあえて器に盛り、蒸し鶏
  もも肉をのせて残りのAをかけ、2をのせ、
  香菜の葉を添える。

◎ 材料（2人分）

蒸し鶏もも肉（p.46参照）⋯⋯⋯⋯⋯ 1枚

中華麺 ⋯⋯⋯⋯⋯⋯⋯⋯⋯⋯⋯⋯⋯⋯ 2玉

A（混ぜ合わせる）

　きゅうり（せん切り）⋯⋯⋯⋯⋯ 1本分

　大葉（せん切り）⋯⋯⋯⋯⋯⋯⋯ 10枚分

　みょうが（せん切り）⋯⋯⋯⋯⋯ 2個分

B（混ぜ合わせる）

　ねりごま ⋯⋯⋯⋯⋯⋯⋯⋯⋯ 大さじ2

　醤油 ⋯⋯⋯⋯⋯⋯⋯⋯ 大さじ1と1/2

　黒酢 ⋯⋯⋯⋯⋯⋯⋯⋯ 大さじ1と1/2

　花椒粉 ⋯⋯⋯⋯⋯⋯⋯⋯ 小さじ1/2

◎ 作り方

1　中華麺を袋の表示通りにゆでて水にさ
　らし、水気をきる。Bの2/3量であえる。

2　器に1を盛り、スライスした蒸し鶏も
　も肉をのせて、残りのBをかけ、Aを
　のせる。

ねぎだれのせ

◎ 材料（2〜3人分）

蒸し鶏もも肉（p.46参照）⋯⋯⋯⋯⋯ 1枚

A（混ぜ合わせる）

　長ねぎ（みじん切り）

　⋯⋯ 1/2本（緑の部分も入れて12〜15cm）分

　みょうが（小口切り）⋯⋯⋯⋯⋯ 2個分

　粗塩 ⋯⋯⋯⋯⋯⋯⋯⋯⋯⋯ 小さじ1

　粗挽き黒こしょう ⋯⋯⋯⋯⋯⋯⋯ 少々

　ごま油 ⋯⋯⋯⋯⋯⋯⋯⋯⋯ 大さじ1

◎ 作り方

1　Aを混ぜ合わせて10〜20分おく。

2　蒸し鶏もも肉を1cm幅に切って器に
　盛り、Aをかける。

しっとり仕上げの蒸し鶏むね肉は、
炒めてもパサパサしません

余分な脂がなく、上質なタンパク質である鶏むね肉は、そのままはもちろん、
炒めてもおいしい。切り方を変えると食感の違いも楽しめます。

レタス包み

◎ 材料（2〜3人分）
蒸し鶏むね肉（p.46参照）………1枚
長ねぎ（白髪ねぎ）………10cm分
香菜（3cm幅に切る）………1〜2本分
A（混ぜ合わせる）
　甜麺醤 ………………… 大さじ2
　豆板醤 ………………… 小さじ1
レタス ………………… 1/2個

◎ 作り方
蒸し鶏むね肉は薄切りにし、A、白
髪ねぎ、香菜と一緒にレタスで包む。

◎ 材料（2〜3人分）

蒸し鶏むね肉（p.46参照）
　　　　　　　　　　1/2枚
A（下味）
　粗挽き黒こしょう… 少々
　片栗粉 ………… 小さじ1/2
小松菜 ………………… 150g

粗塩 ………………… 小さじ1/3
長ねぎ（薄切り）… 5cm分
酒 ………………… 大さじ1
太白ごま油 … 大さじ1/2
ごま油 ……… 小さじ1/2

小
松
菜
炒
め

◎ 作り方

1　蒸し鶏むね肉は繊維に沿ってせん切りにし、Aで順
　に下味をつける。

2　小松菜を3cm幅に切り、粗塩をふる。

3　炒め鍋に太白ごま油と長ねぎを入れて中火にかけ、
　香りが出たら1を入れて油をなじませ、2を加えて
　炒め合わせる。酒をふり、強火にしてさっと全体を
　炒め、ごま油で香りをつける。

◎ 材料（2〜3人分）

蒸し鶏むね肉（p.46参照）1/2枚
生しいたけ ……………… 6個
酒 ……………………… 大さじ1
A（下味）
　粗挽き黒こしょう ……… 少々
　片栗粉 ……………… 小さじ1/2
B（混ぜ合わせる）
　醤油 ……………… 大さじ1/2
　黒酢 ……………… 小さじ1
粗挽き黒こしょう ………… 少々
太白ごま油 …………… 大さじ1/2
ごま油 ……………… 小さじ1/2

き
の
こ
炒
め

◎ 作り方

1　蒸し鶏むね肉は角切りにし、
　Aで下味をつける。

2　生しいたけの軸を除き、4等分に切る。

3　炒め鍋に太白ごま油を入れて中火にかけ、
　1を入れて油をなじませ、2を加えて炒
　め合わせ、酒をふり、蓋をして2分蒸し
　焼きにする。Bで調味し、黒こしょう、
　ごま油で香りをつける。

3種の
ささみ棒々鶏（バンバンジー）

おなじみの棒々鶏も、おもてなしにはあえ衣を変えて、
中国風、和風、洋風の3種類のアレンジを。
ふだんの食卓ならお好みのひと品を楽しんで！

▌ 中国風棒々鶏

◎ 材料（2〜3人分）
蒸しささみ（p.46参照）‥‥‥‥‥‥‥‥‥‥ 2本
A（混ぜ合わせる）
　ねりごま・醤油・黒酢・水 ‥‥ 各大さじ1/2
　花椒粉 ‥‥‥‥‥‥‥‥‥‥‥‥ 小さじ1/3
きゅうり（皮を除いて叩きつぶし、長さ4等分に）‥‥1本
香菜（みじん切り）‥‥‥‥‥‥‥‥‥‥ 1本分

◎ 作り方

きゅうりは粗塩少々（分量外）をふり、10分おいて
水気をしぼる。蒸しささみを細くさいてAであ
え、きゅうり、香菜と合わせる。

▌ 和風棒々鶏

◎ 材料（2〜3人分）
蒸しささみ（p.46参照）‥‥‥‥‥‥‥‥‥‥ 2本
A（混ぜ合わせる）
　醤油 ‥‥‥‥‥‥‥‥‥‥‥‥‥ 大さじ1/2
　わさび ‥‥‥‥‥‥‥‥‥‥‥‥ 小さじ1/2
　米酢 ‥‥‥‥‥‥‥‥‥‥‥‥‥‥ 小さじ1
　はちみつ ‥‥‥‥‥‥‥‥‥‥‥ 小さじ1/2
みょうが（せん切り）‥‥‥‥‥‥‥‥‥ 2個分

◎ 作り方

蒸しささみを細くさいてAであえ、みょうが
と合わせる。

▌ 洋風棒々鶏

◎ 材料（2〜3人分）
蒸しささみ（p.46参照）‥‥‥‥‥‥‥‥‥‥ 2本
A（混ぜ合わせる）
　マスタード ‥‥‥‥‥‥‥‥‥‥‥ 大さじ1
　粗塩 ‥‥‥‥‥‥‥‥‥‥‥‥‥ 小さじ1/3
　バルサミコ酢・オリーブ油 ‥‥‥ 各小さじ1
B
　バジル（ざく切り）‥‥‥‥‥‥‥ 3〜4枚分
　クレソン（3cm幅に切る）‥‥‥‥‥‥ 2本分

◎ 作り方

蒸しささみを細くさきAであえ、Bと合わせる。

蒸しささみと
アボカドの春巻

揚げたての春巻のパリッとした歯ざわり、とろっとした
アボカド、しっとりとしたささみ。いろんなおいしさが、
渾然一体となって、春巻ってなんてすてきなごちそうでしょう。

◎ 材料（2人分）

春巻の皮	4枚
蒸しささみ（p.46参照）	2本
アボカド	1/2個
粗塩	小さじ1/3
粗挽き黒こしょう	少々
のり（混ぜ合わせる）	
小麦粉	小さじ1
水	小さじ1/2
太白ごま油	1カップ
からし	適量

◎ 作り方

1 蒸しささみを細くさいて、粗塩、黒こしょうをふる。アボカド
を8等分のくし形に切る。

2 1を春巻の皮にのせa、巻いてのりで留める（のりは皮が重なる
端々にしっかりつけることb）。

3 鍋に太白ごま油を入れ、180℃になったら2を入れ、からっと
揚げる。からしを添えていただく。

a

b

鶏もも肉の米粉まぶし蒸し

蒸籠の蓋を開けると、わあっと歓声のあがるおもてなし料理。
鶏もも肉にうまみや香りをまとった米粉をまぶしつけて蒸すと、しっとりした食感と香ばしさ。私のスペシャリテです。

◎ 材料（作りやすい分量）

鶏もも肉 ──────── 2枚
里いも ──────── 2個

A（下味）
　酒 ──────── 大さじ2
　醤油 ──────── 大さじ2
　　（辛くするときは豆板醤大さじ1に）
　甜麺醤 ──────── 大さじ1
　しょうが（みじん切り）── 1かけ
　長ねぎ（みじん切り）── 10cm分

B米粉
　米 ──────── 80g
　干しえび ──────── 10g
　クローブ ──────── 1個
　八角 ──────── 3かけら
　シナモン ──────── 2cm

◎ 作り方

1　鶏もも肉はそれぞれ4等分に切り、Aを順に加え、その都度よく混ぜて下味をつけてa ラップをし、ひと晩冷蔵庫におく。

2　炒め鍋にBの材料を入れて中火にかけ、香ばしく、きつね色になったらb 火を止め、冷ましてからミキサーにかけて米粉にするc。蒸す前に1にしっかり絡めておくd。

3　里いもの皮を除いて6等分の輪切りにし、クッキングシートを敷いた蒸籠に2と交互に並べるe，f。蒸気の上がった鍋にのせて蓋をして、強火で2分、弱火で20分蒸したら火を止め、そのまま10分おく。

白身魚の一尾蒸し

あつあつの太白ごま油を最後にじゅっとかける「清蒸魚<ruby>清蒸魚<rt>チンジャンユー</rt></ruby>」。レストランでおなじみの
一尾蒸しも家庭で作れておもてなしにおすすめ。もちろん切り身でもおいしく作れますよ。

◎ 材料（作りやすい分量）

真鯛（25〜30cm）
　……1尾（下処理済みのもの）
紹興酒……………………大さじ3
粗塩……………………小さじ1/2
しょうが（薄切り）………20g

A（混ぜ合わせる）
　オイスターソース……大さじ1
　醤油……………大さじ1と1/2
　黒酢……………………大さじ1/2
　紹興酒…………………大さじ2

B（混ぜ合わせる）
　長ねぎ（白髪ねぎ）……1本分
　しょうが（針しょうが）
　　……………………………15g
糸唐辛子…………………適量
太白ごま油………………大さじ3

◎ 作り方

1　真鯛に斜めに切れ目を入れ a、中央の切れ目のところでそのまま切り落とす b。切れ目に紹興酒をふりかけ c、しょうがを挟み、粗塩をふって下味をつけ d、1時間おく。

2　蒸しトレイにクッキングシートを敷き、1をのせて e、蒸気の上がった鍋にのせ、蓋をして、強火で1分、弱火で10分蒸したら火を止め、そのまま5分おく。しょうがを取り除いて器に盛る。

3　鍋にAを入れて中火にかけ、煮立たせたら弱火にし、汁が2/3程度になるまで煮つめ、2にかけ f、Bと糸唐辛子をのせる。

4　鍋に太白ごま油を入れて中火にかけ、少し煙が出るまで熱し、3にかける。好みで香菜をのせる。

a

b

c

d

e

f

めかじきの
野沢菜漬け蒸し

蒸しものには淡白な白身魚が向いています。
野沢菜漬けなどのうまみと塩分を味つけにして蒸すと手軽でかんたん。
魚料理をもっと身近に！

◎ 材料（2人分）

めかじき ……… 2切れ（200g）

A（下味）

　粗挽き黒こしょう ……… 少々
　酒 ……… 大さじ1
　粗塩 ……… 小さじ1/4
上新粉 ……… 大さじ1/2

B（混ぜ合わせる）

　野沢菜漬け（みじん切り）……… 50g
　しょうが（みじん切り）……… 1かけ分
　長ねぎ（みじん切り）……… 5cm分
ごま油 ……… 大さじ1/2
糸唐辛子 ……… 適量

◎ 作り方

1　めかじきを半分に切り、Aで順に下味をつけて20分おく。上新粉をまぶす。

2　蒸籠にクッキングシートを敷き、1を並べてBをのせ蒸気の上がった鍋にのせ、蓋をして、強火で1分、弱火で4分蒸したら火を止め、そのまま5分おく。

3　ごま油をかけ、糸唐辛子をのせる。

サーモンの茶葉蒸し

香りと風味を楽しむ魚料理といえば、茶葉蒸しです。
烏龍茶以外にも龍井茶やジャスミン茶などもおすすめ。
好みの茶葉でチャレンジしてみてください。

◎ 材料（2人分）

サーモン	2切れ
烏龍茶（茶葉）	3g
A（下味）	
粗挽き黒こしょう	少々
酒	大さじ1
粗塩	小さじ1/4
上新粉	大さじ1/2
豆豉ソース（p.13参照）	大さじ1

◎ 作り方

1 烏龍茶に熱湯大さじ1（分量外）をかけてふやかす a。

2 サーモンにAで順に下味をつけて20分おく。上新粉をまぶす。

3 蒸籠にクッキングシートを敷き、1の半量を広げて2をのせ b、残りの1をのせる。蒸気の上がった鍋にのせ、蓋をして、強火で1分、弱火で5分蒸したら火を止め、そのまま5分おく。

4 豆豉ソースを添える。

a

b

焼くよりかんたん。
蒸し貝のおいしさは格別です!

殻を開ける必要もなければ、焼きすぎで水分が飛んでしまうこともない。貝類を蒸すと、
身はふっくら、おいしいジュースもたっぷり。丸ごとのおいしさを堪能できます。

蒸しホタテ

◎ 材料（2人分）
ホタテ ･･ 4個
豆豉ソース（p.13参照）････････････ 大さじ1/2
レモン ･･ 1/4個

◎ 作り方
蒸しトレイにホタテを並べ、蒸気の上がった
鍋にのせ、蓋をして、強火で1分、中火で3
分、そのまま5分おく。豆豉ソースをかけ、
レモンをしぼる。

蒸し牡蠣

◎ 材料（2人分）
牡蠣⋯⋯⋯⋯4個
レモン⋯⋯⋯1/4個

◎ 作り方
蒸しトレイに牡蠣を並べ、蒸気の上がった鍋にのせ、蓋をして、強火で1分、中火で4〜5分、そのまま5分おく。レモンをしぼり、好みでオイスターソースをかける。

蒸しサザエ

◎ 材料（2人分）
サザエ⋯⋯⋯⋯4個
A（適宜、同量で合わせる）
わさび
醤油
ごま油

◎ 作り方
蒸しトレイにサザエを並べ、蒸気の上がった鍋にのせ、蓋をして、強火で1分、中火で5分、そのまま5分おく。Aを添えていただく。

蒸しえび

プリッとした食感はえびの醍醐味です。殻と身を尾まで深く切り開くことで、
蒸し上げたときに殻がお皿のようになり、おいしい水分がこぼれることもありません。

◎ 材料（2～3人分）

えび（無頭・殻つき）……… 8～10匹
香菜 ……………………………… 1本
A（下味）
　粗塩 ………………………… 小さじ1/4
　粗挽き黒こしょう ………… 少々
　紹興酒 ……………………… 大さじ2
B
　しょうが（みじん切り）…… 1かけ分
　にんにく（みじん切り）…… 1かけ分
　長ねぎ（みじん切り）……… 10cm分
　唐辛子（輪切り）……………… 1本分

C
　醤油 ………………………… 大さじ2
　黒酢 ………………………… 大さじ1/2
　紹興酒 ……………………… 大さじ1
花椒 ……………………………… 10粒
太白ごま油
　………………………… 大さじ1と1/2

◎ 作り方

1 えびの背をギリギリまで開きa、背わたなどを除いてb、
　きれいに洗い、水気をふきとるc。Aで順に下味をつけ、
　10分おく。

2 炒め鍋に太白ごま油と花椒を入れて中火にかけ、香りが出
　たらBを加え、さらに香りが立ったらCを入れて煮立たせ
　d，e、火を止める。

3 1を蒸しトレイに並べ、蒸気の上がった鍋にのせf、蓋をし
　て、強火で1分、弱火で2分蒸したら火を止め、そのまま2
　分おく。器に盛り、2をかけ香菜をのせる。

a　　b　　c

d　　e　　f

卵と豆乳。ほとんどおなじレシピで
茶碗蒸しとプリンが作れます

ざるで卵液を濾したり、気泡をつぶしたり。ちょっとしたことがおいしさを生む秘訣です。
慣れたら卵と豆乳の割合を変えて好みの固さを探しても楽しいかもしれませんよ。

茶碗蒸し

◎ 材料（作りやすい分量）

卵 ···········3個（MまたはLサイズ）
豆乳（無調整）·············500ml
粗塩 ···············小さじ1/3

ニラだれ（作りやすい分量、混ぜ合わせる）
ニラ（みじん切り）············80g
醤油 ···············大さじ4
黒酢 ···············大さじ2
しょうが（すりおろし）····大さじ1/2
はちみつ ···············大さじ1
粗挽き黒こしょう ···············少々
ごま油 ···············大さじ1と1/2

◎ 作り方

1 卵をよく溶いて豆乳でのばし、粗塩を加え
てよく混ぜ、ざるなどで漉す。

2 耐熱容器に1を静かに流し入れ、気泡はつ
ぶす。蒸しトレイにのせ、蒸気の上がった
鍋にのせ、蓋をして、強火で3分、弱火で9
分、そのまま5分おく。ニラだれでいただ
く。残ったニラだれは冷蔵庫で保存。3日
程度で使いきる。

卵

プリン

◎材料（5個分）
卵 ………… 3個（MまたはLサイズ）
豆乳（無調整）………………… 500ml
黒蜜、ブルーベリー、抹茶
………………………… 適量

◎作り方
1 卵をよく溶いて豆乳でのばし、ざるなどで漉す。
2 耐熱容器5個に1を静かに流し入れ、気泡はつぶす。蒸しトレイに並べ、蒸気の上がった鍋にのせ、蓋をして、強火で3分、弱火で9分、そのまま5分おく。冷やして、黒蜜をかけ、ブルーベリーをのせ、抹茶をふるう。蒸したてを、しょうがとはちみつをかけて食べてもおいしい。

蒸し豆腐の葛あんかけ

むちっとした蒸し豆腐はふだんの豆腐とはちょっと別もの。塩とごま油だけでもじゅうぶん
おいしいけれど、体を温める葛あんはやさしい味で、食欲のないときにもおすすめ。

◎ 材料（作りやすい分量）

絹ごし豆腐	2丁（600g）
A	
水	1/2カップ
酒	大さじ3
しょうが（すりおろし）	大さじ1
醤油	大さじ1/2
粗塩	小さじ1/4
粗挽き黒こしょう	少々
葛粉（水大さじ2で溶く）	大さじ1
ごま油	大さじ1/2

◎ 作り方

1 豆腐を6等分に切る。ボウルに重ねたざるにのせ a、ラップをしてひと晩おき、水切りする b。

2 蒸籠にクッキングシートを敷き、豆腐を並べ、蒸気の上がった鍋にのせ c、蓋をして、強火で1分、弱火で7分蒸したら火を止め、そのまま5分おく。

3 蒸し豆腐を1丁ぶん、器に盛る。

4 鍋にAを入れて中火にかけ、煮立たせたら弱火にし、煮汁が2/3程度になるよう煮つめる。水溶き葛粉でとろみをつけて、ごま油で香りをつけ、3にかける。

a

b

c

蒸したてのひと皿

粗塩、ごま油、たっぷりの万能ねぎをのせてどうぞ。

皮蛋豆腐
（ピータン）

◎ 材料（2人分）

蒸し豆腐	1/2丁
皮蛋	1個
A（混ぜ合わせる）	
醤油	大さじ1/2
しょうが（すりおろし）	小さじ1
黒酢	小さじ1
ごま油	大さじ1
香菜（茎、みじん切り）	1本分
B	
長ねぎ（白髪ねぎ）	5cm分
香菜（葉の部分、3cm幅に切る）	1本分

◎ 作り方

1 皮蛋は殻を除いて、食べやすく切り、Aと香菜の茎であえる。

2 器に蒸し豆腐を盛り、1をのせ、Bを散らす。

蒸し豆腐の
肉そぼろがけ

蒸し豆腐にたっぷりの肉そぼろをかけて、
なんちゃって麻婆豆腐です。
煮こんでいないぶん、食べ心地は軽やか。好みで豚肉を使っても。

◎ 材料（2人分）

蒸し豆腐（p.67参照）………… 2/3丁
牛ひき肉 ………………………… 100g

A
　しょうが（みじん切り）…… 1かけ分
　長ねぎ（みじん切り）…… 5cm分
　にんにく（みじん切り）…… 1かけ分
太白ごま油 ………………… 大さじ1

B（混ぜ合わせる）
　豆板醤 ………………… 小さじ1
　味噌 …………………… 大さじ1/2
　甜麺醤 ………………… 小さじ1
　酒 ……………………… 大さじ1
　水 ……………………… 1/2カップ
片栗粉（水大さじ1で溶く）…… 小さじ1
花椒粉 …………………… 小さじ1/3
長ねぎの青い部分（小口切り）…… 適量

◎ 作り方

1　蒸し豆腐をひと口大に切る。

2　炒め鍋に太白ごま油とAを入れて中火にかけ、香りが出るまで炒めて牛ひき肉を入れる。火が通るまでしっかり炒める。

3　Bを入れて炒め合わせ、煮汁が半分になるまで煮つめる。

4　1を加えて炒め合わせ、水溶き片栗粉でとろみをつけて、花椒粉、青ねぎを散らす。

蒸し豆腐の
海鮮あんかけ

しょうがと長ねぎたっぷりで体の温まる海鮮あんかけ。
カニの風味が豆腐のまろやかさを引き立てます。
ご飯や麺に添えてもおいしいですよ。

豆腐

◎ **材料（2人分）**

蒸し豆腐（p.67参照）…… 2/3丁
A
　カニ缶……………………… 60g
　しょうが（みじん切り）…… 1かけ分
　長ねぎ（みじん切り）…… 10cm分
　酒……………………… 大さじ2
水……………………… 1/2カップ
粗塩…………………… 小さじ1/3
粗挽き黒こしょう……………… 少々
片栗粉（水大さじ1で溶く）…… 小さじ1
ごま油………………… 大さじ1/2

◎ **作り方**

1　蒸し豆腐を軽くつぶし、器に盛る。

2　鍋にAを入れて中火にかけ、少し煮つめてから水溶き片栗粉でとろみをつけ、ごま油で香りをつける。1にかける。

焼麦
シャオ マイ

皮のひらひらした様子を麦の穂に見立てた焼麦。蒸籠にぎゅっと詰めたら麦畑の景色のようです。
黒酢をつけてもおいしいですが、餡にしっかり味がついているので、そのままの味もぜひ。

◎ 材料（12個分）

焼麦の皮（9cm角）	12枚
鶏ひき肉（もも）	200g
A（下味）	
粗挽き黒こしょう	少々
酒	大さじ1
しょうが（みじん切り）	20g
オイスターソース	大さじ1
玉ねぎ（みじん切り）	1/4個分
パン粉	10g
片栗粉	大さじ1/2
粗塩	小さじ1/3
ごま油	大さじ1

◎ 作り方

1 ボウルに鶏ひき肉を入れ、**A**を順に加え、その都度よく混ぜて下味をつける。

2 焼麦の皮に1の餡をのせ、箸で空気を抜くようにならしたら a、親指とひと差し指でゆるく輪を作り、その上にのせる b。餡の重みで下がってきたところを、反対の手の親指とひと差し指で軽くつかみ c、下から上にかけて少し回すようにしてすぼめる d。ひと差し指で上部をきゅっとしめ、反対の手で底を平たく整える e。上部が麦の穂先のように、下部が安定した形になる f。

3 蒸籠にクッキングシートを敷いて2を並べ、蒸気の上がった鍋にのせ、蓋をして、強火で1分、弱火で11分蒸したら火を止め、そのまま5分おく。好みで黒酢、からしをつけ、香菜を添えていただく。

米まぶし焼麦

もちっとした歯ざわり、じゅわっと広がる肉汁。ひとつ食べるとあとを引く、もち米を
まとった焼麦です。赤身の多い部位で作るとうまみが増すので、好みのお肉で作ってみて。

◎ 材料（10個分）

豚薄切り肉（肩ロースなど好みの部位で）…… 200g

A（下味）

　粗挽き黒こしょう ………………………… 少々
　酒 ……………………………………… 大さじ1
　しょうが（みじん切り） …………………… 20g
　搾菜（みじん切り） ………………………… 30g
　パン粉 …………………………………… 10g
　片栗粉 ………………………………… 大さじ1
　ごま油 ……………………………… 大さじ1/2

もち米 ……………………………………… 60g

ラー油（p12参照） ………………………… 適宜

◎ 作り方

1 もち米を洗い、水につけて30分おく。水気をきる a。

2 豚薄切り肉を細かく切って、包丁で叩く。A を順に入れ、その都度よく混ぜて下味をつける b。バットに平たくならして10等分し c、ひとつずつ丸め d、1をまぶす e。

3 蒸籠にクッキングシートを敷いて2を並べ f、蒸気の上がった鍋にのせ、蓋をして、強火で1分、弱火で12分蒸したら火を止め、そのまま5分おく。

4 ラー油でいただく。

えび蒸し餃子

点心でおなじみのえび蒸し餃子。最近では浮き粉を使った皮も見かけるようになったので
家庭でも手軽に作れます。乾きやすいので水をたっぷりつけながらきっちり包みましょう。

◎ 材料（10個分）

えび蒸し餃子の皮 ·················· 10枚
むきえび ···························· 100g
A（下味）
　粗挽き黒こしょう ················ 少々
　酒 ································· 小さじ1
　しょうが（みじん切り） ········ 1かけ分
　粗塩 ····························· 小さじ1/3
　片栗粉 ··························· 小さじ1/2
　ごま油 ··························· 大さじ1/2
　万能ねぎ（小口切り） ············ 2本分

◎ 作り方

1 むきえびを包丁の腹でつぶしa、ざっくり切るb。

2 ボウルに1を入れ、Aを順に加え、その都度よく混ぜて下味をつけc、10等分する。

3 専用の浮き粉の皮を用意し、指に水をつけ、皮の周囲をしっかり濡らすd。餡をの
せ、箸で平らに整えたらe2つ折りにして皮の中央を指でつまんで合わせるf。片手
で底を支え、手前の皮の中心に近いところを反対の手の親指とひと差し指でつまむ
（端の部分になる）。親指はそのまま、ひと差し指でそのひだに向かって生地を寄せる
g。中心まで同様にひだを作ったら、持ち替えて、反対の親指とひと差し指で同様
にひだを寄せるh。最後に中心部分をぎゅっとつまんで閉じるi。

4 蒸籠にクッキングシートを敷いて3を並べ、蒸気の上がった鍋にのせ、蓋をして、
強火で2分、弱火で2分蒸したら火を止め、そのまま3分おく。

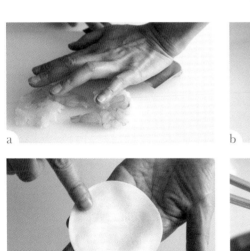

a

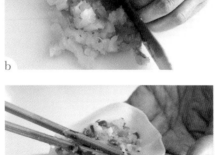

b

c

d

e

f

g

h

i

ちまき

清々しい竹皮のちまきが並ぶ様子は、いつ見てもうれしいものです。
冷凍しておけばいつでも食べられるので、多めに作っておくことをおすすめします。

◎ 材料（10個分）

もち米	2合
豚肩ロース肉（とんかつ用）	150g
干しえび	20g
干ししいたけ	2枚
酒	大さじ1
オイスターソース	大さじ1/2
醤油	大さじ1と1/2
粗塩	小さじ1/2
五香粉	小さじ1/4
水	360ml
太白ごま油	大さじ1
竹の皮（小：長さ35～40cm程度）	10枚
タコ糸（30cm）	10本

◎ 作り方

1 干しえびと干ししいたけはひと晩水につけて戻す。竹の皮はたっぷりの水を沸騰させた鍋に入れて火を止め、2時間ほどつけて戻す。もち米は洗って水気をきっておく。

2 豚肩ロース肉を1.5cmの角切りにする。干ししいたけも角切りにする。

3 炒め鍋に太白ごま油と豚肩ロース肉を入れて中火にかけ、色が変わるまでじっくり炒める。酒、干しえび、干ししいたけも入れて炒め合わせ a、オイスターソース、醤油、粗塩、五香粉を入れてさらに炒め合わせる b。

4 3に水を注ぎ、煮立たせたらもち米を加え c、蓋をして強火で3分、弱火で12分炊く d。粗熱を取り、バットに広げて10等分する。

5 1の竹の皮の太いほうを1/3のところで折り e、折り目を中央にして三角錐を作るように折りこんだら f、4をひとつ入れて平たくならす g。両側の竹の皮を中央に向かってたたみ h、残っている皮の部分を被せる i,j。余った先端部分を折りたたみ k、タコ糸を2周させて結ぶ l。

6 蒸籠に5を並べ、蒸気の上がった鍋にのせ、蓋をして、強火で3分、弱火から中火で12分蒸したら火を止め、そのまま10分おく。

＊蒸し上げてから冷凍保存。蒸し直しは6と同様に。

飲茶

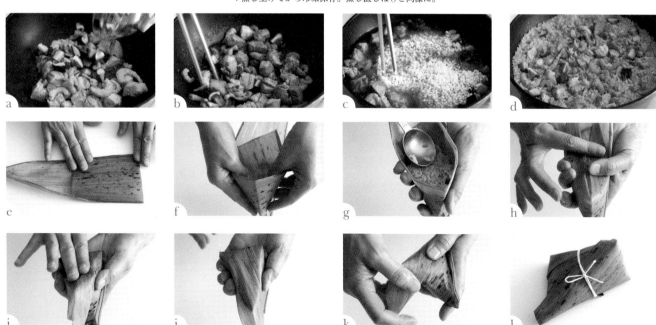

マーラーカオ

黒糖を使ったちょっとコクのあるマーラーカオが我が家の定番です。好みでクコの実や
ドライマンゴーをのせてもおいしい。おやつも体にやさしいほうがいいですよね。

◎ 材料（内径15cmの蒸籠1台分）

A（混ぜ合わせる）

薄力粉	100g
ベーキングパウダー	小さじ1
卵	2個
黒糖 (粉)	60g
豆乳 (牛乳)	大さじ2
ごま油	大さじ1

◎ 作り方

1 ボウルに卵を割り入れてよくほぐし、黒糖を入れて泡だて器で黒糖が溶ける
 までよく混ぜ a、豆乳、ごま油を順に加えて混ぜ合わせる b。

2 Aをざるなどでふるって1に入れ c、粉気がなくなるまで混ぜる d。

3 蒸籠の直径より大きめにクッキングシートを切り、底に押しつけて整え e、
 はみ出した部分は燃えないように切り落とす f。

4 3に2を流し入れ g、蒸気の上がった鍋にのせ、蓋をして h、強火で5分、
 弱火で15分蒸したら火を止め、そのまま10分おく i。

＊生地を流し入れて蒸す直前にクコの実 (大さじ1) やドライマンゴー (30g、せん切り) をのせると、バ
リエーションが楽しめる。

飲茶

蒸しものパーティへようこそ!

蒸籠がずらりと並んだ様子も楽しい、
蒸しものパーティ。
こちらはちまき、あちらは焼麦。
デザートのマーラーカオもありますね。
レタスやなすの野菜料理も並んで、
お気に入りの茶器で中国茶をいただいたら、
さあ楽しい宴の始まりです。

お粥

ほぐした焼きいもをお椀に入れ、そこへあつあつの米のお粥をたっぷりかけて。

冬になると食べたくなる、大好きな焼きいも粥です。

お粥からのぞく温かな黄色のおいもがおいしそうでしょう？

お粥は、穀物の栄養が溶け出した水分たっぷりの主食です。

おなじみのうるち米のほか、種皮にポリフェノールを豊富に含む黒米や美肌効果のあるはと麦。

体の水はけをよくする小豆や余分な熱を払ってくれる緑豆、気を養う働きのあるあわやきび。

たっぷりの水で炊くからこそ、穀物の栄養がすんなり体に入ってきます。

胃腸に負担をかけないお粥は、調子の悪いときはもちろん、ふだんの食卓にもおすすめ。

体も心も温かく満たしてくれる頼りになる料理です。

焼きいもを入れたり、りんごと煮たり、意外と自由なのもお粥の楽しいところ。

ひとさじのお粥が、どんなにやさしく体を癒やしてくれるか、ぜひ味わってみてください。

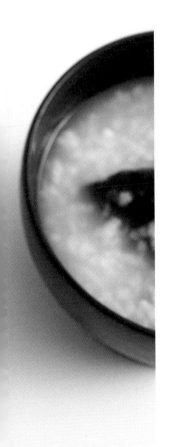

右列：はと麦、緑豆、小豆、黒米／中列：もち米、もち麦、あわ、赤米／左列：きび、うるち米。

お粥は飲むもの。
水分量も様々です

中国のお粥は水分たっぷり。「はじめに」にも書きましたが、お粥を摂ることは中国語で「喝粥」。「喝」は「飲む」。つまり、お粥はやわらかい米を食べるものではなく、栄養豊富な水分を飲むものなのです。腹持ちが悪いと思われるかもしれませんが、だからこそすっきり消化でき、次の食事がおいしくいただける。この本では水分8倍量のレシピを多く紹介していますが、好みで10倍、16倍など試してみてください。

米1対水8のお粥

米1対水10のお粥

米1対水16のお粥

ぷりのお粥をもっと身近に！

いつものご飯を
お粥に代えるお粥定食

お粥のおかずはどうしたら？　と難しく考えることはありません。たとえば焼き魚定食のご飯をお粥に置き換えるだけで立派なお粥定食のできあがり。ねぎを入れた卵焼き、ちりめん山椒などの佃煮もお粥のおかずにぴったりです。写真のように桜の塩漬けをトッピングすると、季節の移り変わりが感じられて食卓がいっそう楽しくなります。

春夏秋冬、朝昼晩。
いつでもお粥を食べましょう

夏には体の熱を払う緑豆粥。

血流をよくする小豆と黒豆のお粥は冬に。

季節、時間を問わず、お粥を口にしてほしいと思います。寒く乾燥する冬はもちろん、夏は冷房で体が冷え、発汗でたくさんの水分が失われますから、やっぱりお粥の出番です。春はデトックス、秋は冬に向けて体を整えたい季節です。朝粥は、目覚めたばかりの胃腸を驚かせることなく栄養補給できますし、食べ過ぎが続いている日には、昼食や夕食の主食をお粥に変えるだけで、水分調整ができ、胃腸も整います。

まずは基本の
米のお粥を炊いてみましょう

お粥もご飯も炊き方はほとんど一緒です。主な違いは水分量だけ。
難しく考えず、まずは炊いてみて、
2回目からは自分の好みの水分量を探るなどしてみてください。

◎ 材料（2〜3人分）

米（うるち米） 100g

水 800ml

◎ 作り方

1 米を30分浸水させ、ざるに上げる a。

2 鍋に分量の水と1を入れる b。

3 鍋を強火にかける。少しずつでんぷんが溶け出してアクのように上がってくる c。

4 米が鍋底につきやすくなってくるので、やさしく時々混ぜる d。

5 しっかり沸騰したら弱火にする e。

6 鍋に蓋をする。ここから20分炊く。蓋に空気穴がない場合はほんの少しだけ蓋をずらす f。

◎ お粥はご飯と同じように炊きます

お粥に相性のよい定番おかず

お粥のおかずは、良質なたんぱく源でもある腐乳や塩卵（どちらもインターネットで購入可能）、搾菜のごま油あえなどが相性よし。

1人分のお粥を気軽に炊きましょう

ひとつの穀物の栄養を
すみずみまでいただく

ひとつの素材をじっくり味わうお粥です。きびは気を養い、黒米はポリフェノールが豊富。
発芽玄米はビタミン、ミネラルに優れます。栄養が溶け出したお粥が体を温め、新陳代謝を促します。

きび粥

◎ 材料（2〜3人分）

きび（もちきび）……………………… 100g
水 ………………………………………… 800ml

◎ 作り方

1 きびを洗って水気をきる。鍋に入れて分量の水を加え、30分おく。

2 1を中火にかけて沸騰させたら、ゆるやかに対流する火加減（弱火から中火）にして蓋をし、20分炊く。きびが鍋底につかないよう時々やさしく混ぜる。全体にとろみがついたらできあがり。

黒米粥

◎材料（2〜3人分）
黒米‥‥‥‥‥‥‥‥‥‥‥‥‥100g
水‥‥‥‥‥‥‥‥‥‥‥‥‥‥800ml

◎作り方
1 黒米を洗って水気をきる。鍋に入れて分量の水を加え、中火にかけて沸騰させたら火を止めて30分おく。
2 1を再び中火にかけて沸騰させたら、ゆるやかに対流する火加減（弱火から中火）にして蓋をし、30分炊く。黒米が鍋底につかないよう時々やさしく混ぜる。全体にとろみがついたらできあがり。

発芽玄米粥

◎材料（2〜3人分）
発芽玄米‥‥‥‥‥‥‥‥‥‥‥100g
水‥‥‥‥‥‥‥‥‥‥‥‥‥‥800ml

◎作り方
1 発芽玄米を洗って水気をきる。鍋に入れて分量の水を加え、中火にかけて沸騰させたら火を止めて30分おく。
2 1を再び中火にかけて沸騰させたら、ゆるやかに対流する火加減（弱火から中火）にして蓋をし、30分炊く。発芽玄米が鍋底につかないよう時々やさしく混ぜる。全体にとろみがついたらできあがり。

米に穀物をひとつ足して、体に沁みわたる滋養を

消化吸収をよくするあわ、血圧に効果のある赤米、腸を整えるもち麦。
こんなに体によい穀物をふだんの食事に取り入れない手はありません。
いつもとちょっと違うお粥を食べたくなったら、
お米の横に並べられている穀物のコーナーをのぞいてみてください。

◎材料（2〜3人分）

米 ……………… 50g
あわ …………… 50g
水 ……………… 800ml

◎作り方

1 米とあわを洗って水気をきる。鍋に入れて分量の水を加え、30分浸水させる。

2 1を中火にかけて沸騰させたら、ゆるやかに対流する火加減（弱火から中火）にして蓋をし、20〜30分炊く。鍋底につかないよう時々やさしく混ぜる。全体にとろみがついたらできあがり。

90

◎材料（2〜3人分）

米‥‥‥‥‥‥‥50g

赤米‥‥‥‥‥‥50g

水‥‥‥‥‥‥‥800ml

◎作り方

1 米、赤米をそれぞれ別に洗って水気をきる。米はそのまま30分おく。

2 鍋に赤米と分量の水を入れて中火にかけ、沸騰させたら火を止めて蓋をし、30分おく。

3 2に1の米を加え、再び中火にかけて沸騰させたら、ゆるやかに対流する火加減（弱火から中火）にして蓋をし、30分炊く。鍋底につかないよう時々やさしく混ぜる。全体にとろみがついたらできあがり。

米ともち麦のお粥

◎材料（2〜3人分）

米‥‥‥‥‥‥‥50g

もち麦‥‥‥‥‥50g

水‥‥‥‥‥‥‥800ml

◎作り方

1 米、もち麦をそれぞれ別に洗って水気をきる。米はそのまま30分おく。

2 鍋にもち麦と分量の水を入れて中火にかけ、沸騰させたら火を止めて蓋をし、30分おく。

3 2に1の米を加え、中火にかけて沸騰させたら、ゆるやかに対流する火加減（弱火から中火）にして蓋をし、30分炊く。鍋底につかないよう時々やさしく混ぜる。全体にとろみがついたらできあがり。

米と小豆のお粥

血の巡りをよくするという小豆のお粥はとくに女性に
おすすめします。中国では生理のときや産後の小豆粥が定番。
ほんのりした自然な甘さでとても食べやすいお粥です。

◎ 材料（2〜3人分）

米	50g
小豆	50g
水	800ml

◎ 作り方

1 米と小豆をそれぞれ洗って水気をきる。米はそのまま30分おく。

2 鍋に小豆と分量の水を入れて中火にかけ、沸騰させたら火を止めて蓋をし、
30分おく。

3 2に1の米を加え、中火にかけて沸騰させたら、ゆるやかに対流する火加減
（弱火から中火）にして蓋をし、20〜30分炊く（小豆の硬さによって調整）。鍋底に
つかないよう時々やさしく混ぜる。全体にとろみがついたらできあがり。

● おかず：塩ごま（白）、海苔の佃煮、壬生菜の漬物

米と緑豆のお粥

さっぱりとした風味の緑豆は、昔から体の熱を払ってくれる
食材として知られます。暑い夏はもちろん、
口内炎やにきびなど体に炎症があるときにも。

◎ 材料（2〜3人分）

米	50g
緑豆	50g
水	800ml

◎ 作り方

1 米、緑豆をそれぞれ洗って水気をきり、20分おく。

2 鍋に1と分量の水を入れて中火にかけ、沸騰させたらゆるやかに対流する火
加減（弱火から中火）にして蓋をし、30分炊く。鍋底につかないよう時々やさ
しく混ぜる。全体にとろみがついたらできあがり。

● おかず：みょうがときゅうりの浅漬け

温かくしても冷たくしてもおいしい、
甘いお粥をおひとつどうぞ

デザートにほんのり甘いお粥はいかがですか？ おいしいだけでなく、体の水はけをよくしたり、
熱を払ったりという働きもあるヘルシーなお粥です。

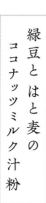

緑豆とはと麦のココナッツミルク汁粉

◎材料（2〜3人分）

緑豆	80g
はと麦	20g
水	500ml
ココナッツミルク	200ml
きび砂糖	30g
ココナッツロング	大さじ1
クコの実	大さじ1

◎作り方

1 緑豆、はと麦をそれぞれ洗って水気をきり、鍋に入れる。分量の水を加えて中火にかけ、沸騰させたら蓋をし、火を止めて30分おく。

2 1を再び中火にかけ、沸騰させたらゆるやかに対流する火加減（弱火から中火）にして蓋をし、20分煮る。きび砂糖、ココナッツミルクを加え、煮立たせたら火を止める。いただくときにココナッツロングを散らし、クコの実をのせる。

小豆と黒米のお粥
黒糖がけ

◎材料（2〜3人分）

小豆	80g
黒米	20g
水	800ml
黒糖	30g

◎作り方

1 小豆、黒米をそれぞれ洗って水気をきり、鍋に入れる。分量の水を加えて中火にかけ、沸騰させたら蓋をし、火を止めて30分おく。

2 1を再び中火にかけ、沸騰させたらゆるやかに対流する火加減（弱火から中火）にして蓋をし、30分煮る。黒糖をかけていただく。

体が感じるほのかな甘み、
つやと粘りのあるもち米のお粥

粘り気のあるもち米と食感の楽しい穀物との組み合わせのお粥は、食べやすく、ふだんの食卓にも
取り入れやすいのでおすすめです。ちりめん山椒など小さなおかずと一緒にどうぞ。

もち米とはと麦のお粥

もち米と押し麦のお粥

◎材料（2〜3人分）

もち米 ……………… 50g
はと麦 ……………… 50g
水 ………………… 1ℓ

1 はと麦は浸水させ、ひと晩ほど冷蔵庫におく。

2 もち米を洗って水気をきる。

3 鍋に水気をきったはと麦を入れ、分量の水を加える。
中火にかけ、沸騰させたら火を止め、蓋をして30分おく。

4 3にもち米を加え、再び中火にかけて沸騰させたら、
ゆるやかに対流する火加減にして蓋をし、30分炊く。
鍋底につかないよう時々やさしく混ぜる。

●おかず：ちりめん山椒、たくあん

◎材料（2〜3人分）

もち米 ……………… 50
押し麦 ……………… 50
水 ………………… 1

もち米とそばの実のお粥

もち米のお粥

◎作り方

　もち米を洗って水気をきる。押し麦と一緒に鍋に入れて分量の水を加え、30分浸水させる。

　1を中火にかけて沸騰させたら、ゆるやかに対流する火加減にして蓋をし、30分炊く。鍋底につかないよう時々やさしく混ぜる。

●おかず：めんたいこ、柴漬け

◎材料（2〜3人分）

もち米 ……………… 50g
そばの実 …………… 50g
水 …………………… 1ℓ

◎作り方

1　もち米、そばの実をそれぞれ洗って水気をきり、30分おく。

2　鍋に1と分量の水を入れて中火にかけ、沸騰させたら、ゆるやかに対流する火加減にして蓋をし、30分炊く。鍋底につかないよう時々やさしく混ぜる。

●おかず：実山椒、柴漬け

りんご粥

家族が風邪をひいたらすぐさまりんご粥の出番です。
体液を補い、熱を穏やかに払ってくれるりんご。
晩夏には、体の熱を鎮めてくれる梨のお粥もおすすめです。

◎ 材料（2〜3人分）

もち米	80g
りんご	1個
水	800ml

◎ 作り方

1　もち米を洗って水気をきり、30分おく。

2　りんごの皮と芯を除き、6等分のくし形に切る。

3　鍋にもち米と分量の水を入れて中火にかけ、沸騰させたら鍋底につかないようにかきまぜる。

4　りんごを加えて再び沸騰させたらa弱火にして蓋をし、20分炊く。はちみつをかけて食べてもおいしい。

a

金柑粥

喉にもよく、気を巡らせてくれる金柑。中国では飴代わりに
持ち歩くほど身近な存在で、もちろんお粥にも使います。
ほんのりした甘さと香りで胃腸がすっきり整います。

もち米のお粥

◎材料（2〜3人分）

もち米	80g
金柑	6個
水	800ml

◎作り方

1　もち米を洗って水気をきり、30分おく。

2　金柑は包丁の腹で押しつぶす。

3　鍋にもち米と分量の水を入れて中火にかけ、沸騰させたら鍋底につかないよ
　　うにかきまぜる。

4　金柑を加えて再び沸騰させたら弱火にして蓋をし、20分炊く。

干し貝柱のお粥

中国でも南方の地域は味のついたお粥をよく食べます。
体を内側から潤してくれるという干し貝柱の力を
余すところなくいただいて養生しましょう。

◎ 材料（2～3人分）

米	100g
干し貝柱	4個
水	800ml
酒	大さじ2
しょうが（みじん切り）	1かけ分
万能ねぎ（小口切り）	2本分
粗塩	小さじ1/2
粗挽き黒こしょう	少々
ごま油	大さじ1/2

◎ 作り方

1 干し貝柱は少量の水にひと晩つけて戻しa、ほぐす。

2 米を洗って水気をきり、30分おく。

3 鍋に1、分量の水、酒を入れて中火にかけて煮立たせたら弱火にし、5分煮る。

4 3に米を入れ、鍋底につかないようにかきまぜ、弱火にして蓋をし、15分炊いたら、しょうがを加えてさらに5分炊く。塩、黒こしょう、ごま油で味を調え、万能ねぎを散らす。

a

皮蛋粥
（ピータン）

鶏だしもひき肉を使えばかんたんです。
刻んだ皮蛋にしょうがを合わせてトッピング、
おもてなしのしめくくりにもぴったりのお粥です。

◎ 材料（2〜3人分）

米	100g
鶏ひき肉	50g
酒	大さじ3
しょうが（みじん切り）	1かけ分
粗挽き黒こしょう	少々
水	800ml
粗塩	小さじ1/2
太白ごま油	大さじ1/2
皮蛋	1個

A（混ぜ合わせる）

しょうが（すりおろし）	小さじ1
醤油	小さじ1
ごま油	小さじ1
香菜	1本分

◎ 作り方

1 米を洗って水気をきり、30分おく。

2 鍋に太白ごま油と鶏ひき肉を入れて中火にかけ、色が変わるまで炒める。黒こしょう、酒をふり、しょうがを加えて香りを出し a、水を注ぐ。米を入れて沸騰させ、鍋底につかないようにかきまぜ、弱火にして蓋をし、20分炊き、粗塩で味を調える。

3 皮蛋の殻を除き、ひと口大に切ってAであえ、器に盛った2にのせ、香菜の葉を添える。

a

菊の花粥

香りのよいお茶は気の巡りをよくしてくれます。
菊の花はその代表的なもので、お茶はもちろん、
お粥もおすすめ。ふだんの食卓に取り入れてみてください。

◎ 材料（2〜3人分）

米⋯⋯⋯⋯⋯⋯⋯⋯⋯⋯⋯⋯⋯ 80g
水⋯⋯⋯⋯⋯⋯⋯⋯⋯⋯⋯⋯⋯ 800ml
菊の花
⋯⋯⋯⋯⋯20個（またはカモミール大さじ2）

◎ 作り方

1 米を洗って水気をきり、30分おく。

2 鍋に米と水500mlを入れて中火にかけ、沸騰させたら、鍋底に
つかないようにかきまぜ、弱火にして蓋をし、15分炊く。

3 ボウルに菊の花を入れて300mlの熱湯を注ぐ a。蓋をして10
分おいて漉す。

4 3を2に加えてさらに5分炊く。器に盛り、菊の花を2〜3個飾る。

● おかず：搾菜と蒸し鶏（ささみ）のあえもの

a

烏龍茶粥

茶粥のポイントは、お茶をあとから加えること。
いちばん大事な香りを逃さないようにします。
お茶漬け気分で小さなおかずを考えるのも楽しいですね。

◎ **材料**

米	80g
水	800ml
烏龍茶（茶葉）	5g

◎ **作り方**（2〜3人分）

1 米を洗って水気をきり、30分おく。

2 鍋に米と水500mlを入れて中火にかけ、沸騰させたら、鍋底に
　つかないようにかきまぜ、弱火にして蓋をし、15分炊く。

3 ボウルに烏龍茶を入れて300mlの熱湯を注ぐa。蓋をして10
　分おいて漉す。

4 3を2に加えてさらに5分炊く。器に盛って、茶葉を少しのせる。

● おかず：一休寺納豆、塩こんぶ

a

普洱茶粥
_{プーアール}

茶葉自体に滋養がある発酵茶は、茶葉ごといただきます。
粉末にするのが少しだけ手間ですが、立ち上る香りを楽しむ
時間もいいものです。お気に入りの茶葉で作りましょう。

◎ 材料（2〜3人分）

米 ……………………………………… 80g
水 ……………………………………… 800ml
普洱茶（茶葉）………………………… 5g

◎ 作り方

1 米を洗って水気をきり、30分おく。

2 普洱茶はすり鉢などで粉末にする a。

3 鍋に米と分量の水を入れて中火にかけ、沸騰させたら鍋底につ
　 かないようにかきまぜ、弱火にして蓋をし、15分炊く。

4 2を加えてさらに5分炊く。

● おかず：福神漬け、蒸し黒豆の塩ごま油あえ

a

紅茶粥

紅茶のお粥なんて意外ですか？ 紅茶も発酵茶。
茶葉を丸ごとお粥にします。おとものおかずは、オリーブや
ドライフルーツなどちょっと洋風なものも似合います。

◎ 材料（2〜3人分）

米	80g
水	800ml
紅茶（好みの茶葉）	3g

◎ 作り方

1 米を洗って水気をきり、30分おく。

2 紅茶はすり鉢などで粉末にする a。

3 鍋に米と分量の水を入れて中火にかけ、沸騰させたら鍋底につかないようにかきまぜ、弱火にして蓋をし、15分炊く。

4 2を加えてさらに5分炊く。

● おかず：オリーブ

a

八宝粥

"八宝"は「たくさん」という意味で、いくつもの穀物や木の実を合わせて炊いたお粥を
八宝粥といいます。縁起物なので、ウー家では家族のお祝い事に登場するお粥でもあります。

◎ 材料（2〜3人分）

八穀米（十穀米）‥‥‥‥‥‥パック1包（50g）	
米‥‥‥‥‥‥‥‥‥‥‥‥‥‥‥‥‥50g	
小豆‥‥‥‥‥‥‥‥‥‥‥‥‥‥‥‥50g	
なつめ‥‥‥‥‥‥‥‥‥‥‥‥‥‥8個	
松の実‥‥‥‥‥‥‥‥‥‥‥‥‥‥10g	
クコの実‥‥‥‥‥‥‥‥‥‥‥‥‥10g	
水‥‥‥‥‥‥‥‥‥‥‥‥‥‥‥‥800ml	

◎ 作り方

1 米、小豆をそれぞれ別に洗って水気をきる。米はそのまま30分おく。

2 鍋に小豆、なつめと分量の水を入れて中火にかけ a 、沸騰させたら火を止めて蓋
  をし、30分おく。

3 2に1の米 b 、八穀米 c を加え、再び中火にかけて沸騰させたら、ゆるやかに対流
  する火加減（弱火から中火）にして蓋をし、30分炊く。鍋底につかないよう時々や
  さしく混ぜる。全体にとろみがついたらできあがり。松の実、クコの実を散らす。

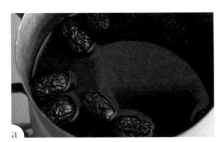

お粥でおもてなしのすすめ

ときにはこんなヘルシーなおもてなしはいかが？
たっぷりのお粥と小さなおかずをずらり！
野菜や豆腐の蒸しものを添えれば、目もお腹も満足です。

109

ウー・ウェン

中国・北京生まれ。1990年に来日。
料理家、ウー・ウェン クッキングサロン主宰。
医食同源が根づいた中国の家庭料理とともに中国の暮らしや
文化を伝えている。
主な著書『ウー・ウェンの100gで作る北京小麦粉料理』
『ウー・ウェンの北京小麦粉料理』『大好きな炒めもの』
『ウー・ウェンの炒めもの』『ウー・ウェンの煮もの あえもの』
（いずれも高橋書店）、『料理の意味とその手立て』（タブレ）、
『本当に大事なことはほんの少し』『10品を繰り返し作りましょう』
（大和書房）など。

公式インスタグラム
https://www.instagram.com/wuwen_cooking/

ウー・ウェン クッキングサロンHP
https://cookingsalon.jp/

アート・ディレクション、デザイン　関　宙明（ミスター・ユニバース）
写真　広瀬貴子
スタイリング　伊藤まさこ
編集　太田祐子（タブレ）
プリンティング・ディレクター　金子雅一（TOPPAN）
企画・プロデュース　高橋インターナショナル

撮影協力　SLOANE　https://sloane.jp/

ウー・ウェンの 蒸しもの お粥

著　者　ウー・ウェン
発行者　高橋秀雄
発行所　株式会社 高橋書店
〒170-6014　サンシャイン60　14階　東京都豊島区東池袋3-1-1
電　話　03-5957-7103

ISBN 978-4-471-40890-9
© WU Wen Printed in Japan